무엇을 하든
독서가 먼저다

로직아이 샘

로직아이 샘 １단계 보라

주소 서울특별시 영등포구 대방천로 175 203호 (문원빌딩, 신길동)
전화 (02) 747-1577
팩스 (02) 747-1599
E-MAIL logici777@hanmail.net
펴낸이 박우현
인쇄 신우인쇄
마케팅 김태준, 김경옥
편집 디자인 유광수
ⓒ ㈜ 로직아이
이 교재 안의 원문과 이미지의 저작권은 해당 출판사에 있으며,
그 외의 그림과 텍스트의 저작권은 (주)로직아이에 있습니다.

차 례

5쪽

25쪽

43쪽

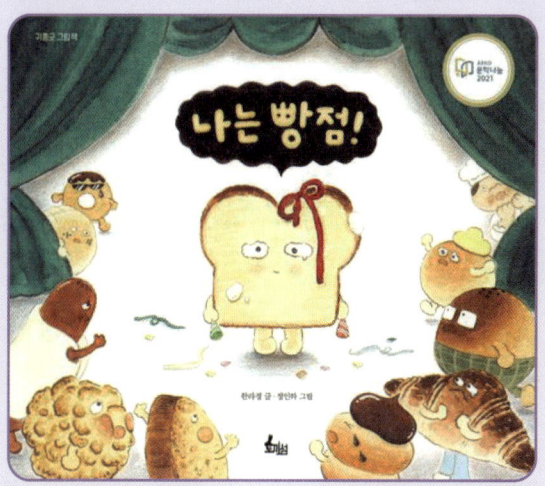
61쪽

펴내는 글 & 일러두기

책 읽는 사람이 세상을 이끈다…

독서는 꿈입니다. 독서는 꿈의 실현이 아니라 꿈을 위한 다리입니다.
꿈을 꾸는 사람만이 꿈을 이룰 수 있습니다.
독서는 미래이고 희망입니다. 병은 병들기 전의 치료가 중요합니다.
독서는 병들기 전에 먹는 최고의 보약입니다. 독서는 건강한 미래입니다.
독서는 감동입니다. 집중해야 감동하고, 감동은 집중력을 높여 줍니다.
어렸을 때 감동하면서 독서한 아이들이 다른 일도 잘합니다.
〈로직아이〉는 모든 학부모와 선생님 그리고 대한민국 모든 학생이 건강하고
행복하기를 기원합니다.

집필자들을 대신하여

(주) 로직아이 대표 박우현

교재의 특징

▶ 이 교재는 독서지도만을 위한 교재입니다. 그러나 글쓰기와 논술 실력도 늘게 할 것입니다.
▶ 이 책에는 해당 책을 이용한 PSAT(공직 적격성 평가: 행정 고시 1차 시험) 형식의 문제가 수록되어 있습니다. 학생들은 대입 수능 시험에 친근한 느낌을 가질 것입니다.
▶ 각각의 필독서에 대한 활동지 뒤에 필독서 내용 중의 인상 깊은 문장의 〈따라 쓰기〉가 있고, 〈이솝 우화〉나 〈낱말 퍼즐〉 문제가 있습니다. 생각 표현에는 글씨와 어휘력이 중요하며 이야기의 핵심 파악이 필요하다는 의미입니다.

교재 사용 방법

① 이 교재를 사용하기 위해서는 반드시 가르치는 사람과 학생들은 해당 책을 읽어야 합니다. 교재의 문제를 풀면 책을 다시 한 번 더 읽는 셈이고, 그 후에 다시 한번 책을 읽으면 감동과 지식이 오래갑니다.
② 이 교재는 단계별 구성이지만 학생들의 성향이나 독서 능력에 따라 자유롭게 활용해도 무방합니다.
③ 아이들의 취향이나 선생님의 지도방법에 따라 선택 지도할 수 있습니다.

〈감사의 말씀〉 이 교재 속에 수록된 텍스트와 이미지 사용을 허락해 준 모든 출판사에 감사드립니다.

꽃이 피어나는 소년

자비스 지음 | 불광출판사

영역 | 문학, 언어
주제 | 우정, 친절, 다름을 받아
　　　들이는 마음

목표

1. 나와 다른 친구들을 있는 그대로 받아들이고 존중할 수 있다.
2. 친구와 진정한 우정을 나눌 수 있다.
3. 나와 친구들 간의 차이를, 다름이 아닌 각자만의 특별함으로 받아들 수 있다.

중요한 단어들

꽃　　머리　　친절　　다정　　꽃잎
나뭇가지　　모자　　종이 꽃

도서 선정 이유

누구나 마음이 슬프거나 아플 때가 있다. 이럴 때면 마음속에 가득했던 자기만의 빛도 잃어버린다. 이 책은 마음이 힘든 시기를 겪는 친구에게 따뜻한 위로와 격려를 건네는 방법을 생각해 보게 한다. 이를 통해 소중한 친구의 의미를 깨달을 수 있다. 그리고 다름을 받아들이는 마음과 다양한 관점을 이해할 수 있다.

상상해 볼까요?

01 여러분의 단짝 친구를 소개해 주세요. (그림으로 그리고 글로 친구의 특징을 소개해 주세요.)

02 여러분은 친구들과 무엇을 하면서 함께 노나요? 3가지를 말해 주세요.

①

②

③

03 여러분의 머리에 꽃이 핀다면 어떤 꽃이 필까요? 그림으로 그려 보세요.

04 보기에서 빈칸에 어울리는 말을 찾아 문장을 완성하세요.

| 보기 | 뾰족뾰족 | 보들보들 | 알록달록 | 윙윙 | 우수수 | 툭 |

① 이 담요는 _____ 해서 덮으면 기분이 좋다.

② 하늘에서 눈이 _____ 쏟아졌다.

③ 선풍기가 _____ 소리를 내며 돌아간다.

④ 연필 끝이 _____ 하니 글씨가 잘 써진다.

⑤ 아이가 입은 옷이 _____ 무지개 같았다.

⑥ 빗방울 하나가 내 이마에 _____ 떨어졌다.

책 속에 답이 있어요

01 책을 보고 아래 빈칸에 알맞은 말을 써보세요. (3쪽)

🌼 데이비드의 머리에서는 □ 이(가) 자라나요.

🌼 데이비드는 나의 가장 친한 □□ 지요(이지요).

02 친구들은 데이비드를 모두 좋아합니다. 왜 좋아했나요? (5쪽)

03 친구들이 데이비드와 함께하는 놀이를 두 가지 이상 써 보세요. (6~7쪽)

04 '내'가 데이비드 머리의 꽃에 물을 주었을 때 어떤 일이 일어났나요? (8~9쪽)

　　　　　

05 데이비드 머리에서 꽃잎이 하나 떨어진 다음날, 데이비드는 학교에 무엇을 쓰고 왔나요? (12쪽)

　　　　　

06 데이비드가 모자를 벗었을 때 데이비드의 머리 모습은 어땠나요? (14~15쪽)

책 속에 답이 있어요

07 친구들은 데이비드 곁에 가지 않으려고 했어요. 왜 그랬나요? (16~17쪽)

08 친구들이 데이비드 곁에 가지 않으려 할 때, '내'가 떠올린 좋은 생각은 무엇인가요? (17~20쪽)

09 나와 친구들은 데이비드를 위해 꽃을 만들었어요. 그 후 데이비드는 어떻게 바뀌었나요? 빈칸을 채워주세요. (23쪽)

> 데이비드는 다시 환하게 ....

10 다음 문장을 읽고 빈칸에 알맞은 말을 써보세요. (24쪽)

> 그러던 어느 날,
> 데이비드 머리에서 못 보던 꽃이 피었어요.
> 내가 만든 꽃도, 다른 친구가 만든 꽃도 아니었어요.

❋ 바로 ☐☐☐☐ 의 ☐ 이었죠.

11 데이비드의 머리에는 다시 많은 꽃들이 피어났어요. 하지만 색종이 꽃들을 잘 보관해 둔 까닭은 무엇인가요? (28쪽)

_____

_____

12 다음 빈칸에 공통으로 들어가는 말은 무엇인가요?

> 데이비드는 나의 _____ 친구이고, 나도 데이비드의 _____ 친구예요.

그렇게 깊은 뜻이!

01 데이비드를 위해 종이꽃을 만들어 준 '나'는 어떤 아이인가요?

02 머리에서 꽃이 떨어진 후에 혼자 있고 싶다고 하는 데이비드를 보는 '나'의 마음은 어떠했을까요? (10~11쪽)

03 데이비드 머리는 연약한 나뭇가지만 남았습니다. 데이비드의 꽃잎들은 왜 떨어졌을까요? (14~15쪽)

04 아래 그림은 데이비드가 달라지기 전과 후의 모습입니다. 두 데이비드의 모습에서 달라진 점을 써 보세요.

📓 달라진 점

05 어느 날. 데이비드의 머리에 꽃이 피어납니다. 데이비드가 새로운 꽃을 피울 수 있었던 까닭은 무엇일까요? (24~25쪽)

내 생각이 중요해요

01 '나'는 데이비드를 위해 꽃을 만들어 줍니다. 만약 여러분이 '나'라면 어떤 꽃을 선물할지 그림으로 그려 보세요.

02 책 속의 '나'는 변함없는 친구였습니다. 여러분은 친구들에게 어떤 친구가 되고 싶나요?

....

....

03 여러분의 마음이 데이비드처럼 힘들고 슬플 때, 어떤 말을 듣고 싶나요?

....

....

....

....

내 생각이 중요해요

04 내가 생각하는 친구란?

💛 친구란 _____ 이다.

💛 왜냐하면 _____
_____
_____ 때문이다.

05 '나'는 색종이 꽃들을 잘 보관합니다. 만약에 데이비드에게 이 꽃이 필요한 날이 다시 온다면 언제일까요? (28쪽)

_____
_____

06 실제로 머리에 꽃이 자라는 사람은 없습니다. 책에 나오는 데이비드는 어떤 사람을 대신한 것일까요?

07 『꽃이 피어나는 소년』이라는 책의 제목을 '꽃'이라는 단어가 들어가는 문장으로 길게 쓴다면 어떤 제목이 좋을까요?

문제에 집중해요

01 다음 그림을 보고 알 수 있는 사실은?

> 내 친구 데이비드예요.
> 데이비드의 머리에서는 꽃이 자라나요.
> 데이비드는 나의 가장 친한 친구지요.
>
> 본문 3쪽에서

① 데이비드는 내 친구이다.
② 데이비드는 개구쟁이이다.
③ 데이비드는 나를 괴롭힌다.
④ 나는 데이비드와 가깝게 지내기 어렵다.
⑤ 나는 데이비드의 머리에 피어나는 꽃을 좋아한다.

02 아래의 밑줄 친 말과 <u>다른 의미로</u> 사용한 것은?

> 데이비드의 꽃에 물을 주고 있었는데,
> 갑자기 꽃잎 하나가 툭 <u>떨어졌어요.</u>
>
> 본문 8쪽에서

① 하늘에서 새똥이 <u>떨어졌다.</u>
② 머리 위로 무언가가 툭 <u>떨어졌다.</u>
③ 형은 대학 입학 시험에서 <u>떨어졌다.</u>
④ 책상에서 지우개가 바닥으로 <u>떨어졌다.</u>
⑤ 바람이 불자 나뭇잎이 우수수 <u>떨어졌다.</u>

03 아래 글의 밑줄 친 단어가 어울리지 <u>않는</u> 것은?

> 다음 날, 데이비드가 학교에 모자를 <u>쓰고</u> 왔어요.
> 데이비드가 모자를 쓰고 온 건 처음이었어요.
>
> 본문 12쪽에서

① 안경
② 가면
③ 모자
④ 우산
⑤ 장화

04 아래의 문장을 가장 잘 이해한 친구는?

> 모두 데이비드 곁에 가려고 하지 않았어요.
> 뾰족한 가지에 찔려 다친 적이 있거든요.
> 나도 데이비드이 가지에 몇 번 긁혔어요.
> 하지만 그건 데이비드의 잘못이 아니었어요.
>
> 본문 16~17쪽에서

① 혜리 : 데이비드는 장난으로 친구들을 찔러.
② 준수 : 데이비드에게 가까이 가면 가지에 찔릴 수 있어.
③ 석현 : 데이비드는 뾰족뾰족한 가지를 자랑하고 싶었어.
④ 서연 : 데이비드가 친구들을 싫어해서 일부러 찌른 거야.
⑤ 지민 : 친구들이 데이비드를 괴롭히니까 데이비드가 화가 났어.

따라 써 볼게요

모두 함께했지요.

모두 함께했지요.
모두 함께했지요.

나도 소중한 친구예요.

나도 소중한 친구예요.
나도 소중한 친구예요.

따라 써 볼게요

데이비드는 친절하고 다정해요.

데이비드는 친절하고 다정해요.

데이비드는 친절하고 다정해요.

꽃잎들이 우수수 떨어졌어요.

꽃잎들이 우수수 떨어졌어요.

꽃잎들이 우수수 떨어졌어요.

당나귀와 귀뚜라미

어느 날, 당나귀가 귀뚜라미의 울음소리를 들었어요.
당나귀는 귀뚜라미의 울음소리가 멋있다고 생각했어요.
당나귀도 귀뚜라미와 같은 멋진 목소리를 내고 싶어 귀뚜라미에게 물었어요.
"도대체 무엇을 먹으면 너처럼 그런 고운 목소리를 낼 수 있니?"
귀뚜라미가 대답했어요.
"이슬."
그 말을 듣고 당나귀는 그날부터 이슬만 먹었어요.
얼마 가지 않아 당나귀는 방귀만 뀌다가 굶어죽고 말았어요.

① 당나귀는 왜 이슬만 먹었을까요?

② 당나귀가 죽기 직전에 무슨 생각을 했을까요?

무엇을 쓰든 **무엇**을 그리든 내가 **최고!**

무엇을 쓰든 **무엇**을 그리든 **최고!**

무엇을 쓰든 **무엇**을 그리든 내가 **최고!**

무엇을 쓰든 **무엇**을 그리든 **최고!**

노랑
(크레용의 이야기)

소중애 글·그림 | 봄봄출판사

영역 | 문학, 언어
주제 | 건강한 관계 맺기

목표

1. 등장인물들의 마음을 알 수 있다.
2. 상대방의 마음에 공감하고 상대방을 존중할 수 있다.
3. 친구들과 함께했을 때의 즐거움을 알고 좋은 관계를 맺을 수 있다.

 중요한 단어들

> 노랑   관계   혼자   함께
> 알록달록   그리기   크레용

 도서 선정 이유

이 책은 자신의 기준에 따라 상대방을 판단하기보다는 각자의 특성을 존중하는 것이 중요함을 알려 준다. 우리는 각자의 모습을 인정하면서 함께하는 것이 의미 있다는 것을 알 수 있다.

상상해 볼까요?

01 자신이 좋아하는 색 1가지를 골라 그리고 싶은 것을 그려 보세요. (다른 색은 사용하지 마세요)

02 다음 그림을 보고 다양한 색을 사용하여 그림을 완성해 주세요.

03 좋아하는 한 가지 색으로 그림을 그렸을 때 아쉬운 점은 무엇이었나요?

....

....

04 다음 상황에 맞는 단어를 보기에서 모두 골라 보세요.

보기	빙그르르 / 폴짝폴짝 / 슈~웅 / 반짝반짝 / 보글보글 / 찰싹찰싹 바글바글 / 왁자지껄 / 우당탕탕 / 소복소복 / 샤르르르 / 펄펄

노랑(크레용의 이야기) | 27

책속에 답이 있어요

01 노랑이가 좋아하는 것은 무엇인가요?(2가지) (2쪽, 12쪽)

02 노랑이가 그린 그림은 무엇인가요? 책에서 찾아 써 보세요. (2~7쪽)

_____

_____

03 어른들은 혼자 노는 노랑이에게 어떤 말을 하나요? 빈칸에 알맞은 단어를 써 보세요. (9쪽)

> "노랑아, _____ 놀지 말고 친구들하고 놀아.
>
> 친구들과 _____ 그림 그리면 훨씬 재미있을 거야. 다들 너랑 놀고 싶대"

04 어른들의 말에 노랑이는 뭐라고 대답하나요? (9쪽)

05 노랑이는 왜 친구들이 마음에 들지 않았나요? (11쪽)

06 아래 그림에서 노랑이의 행동에 맞는 단어를 보기에서 찾아 O표 하세요.. (14~15쪽)

노랑(크레용의 이야기) | 29

책속에 답이 있어요

07 친구들은 노랑이 그림이 불쌍하다고 했습니다. 그 후에 어떻게 했나요?
(20~21쪽)

① 새 도화지를 사 주었다.
② 노랑이를 위로해 주었다.
③ 노랑이 그림에 색을 덧칠해 주었다.
④ 노랑이에게 새 그림을 선물해 주었다.

08 아래 그림은 친구들이 유치원 차 앞에서 노랑이에게 이야기하는 장면입니다. 친구들은 노랑이에게 뭐라고 말했나요? (26~27쪽)

09 유치원 차를 빨간색으로 칠하려고 하는 친구에게 노랑이는 뭐라고 이야기했나요? (31~32쪽)

10 노랑이가 아주아주 작아진 까닭은 무엇이었나요? (32~35쪽)

11 키가 아주아주 작아진 노랑이가 한 말은 무엇인가요? (35쪽)

그렇게 깊은 뜻이!

01 다음은 노랑이가 그린 친구들 모습입니다. 이 친구들은 자신의 모습을 어떻다고 생각할까요? (말풍선 안에 써 보세요)

02 친구들이 놀자고 했을 때 노랑이는 아무 말 없이 가버렸습니다. 이때 친구들의 마음은 어땠을까요?

....

....

....

03 여러분이 노랑이라면 어떻게 행동할지 써 보세요.

❶ 노랑이에게 묻지도 않고, 노랑이의 그림에 덧칠한 크레용 친구들

🌼 **내가 노랑이라면 :**

❷ 친구들이 놀자고 하지만, 같이 놀기 싫다면서 피하기만 하는 노랑이

🌼 **내가 노랑이라면 :**

04 친구들과 노랑이는 버스 안에서 어떤 이야기를 나눴을까요?

내 생각이 중요해요

01 책의 마지막 부분에서 노랑이는 '같이 노는 것도 괜찮네요'라고 말했습니다. 여러분이 노랑이라면 친구들에게 뭐라고 말했을까요?

....

....

....

02 여러분의 생각을 써 보세요.

> **1** 노래방에서 혼자만 노래 부르는 친구에게는 뭐라고 말하면 좋을까요?

....

....

....

> **2** 혼자 공을 독점하려고 하는 친구에게는 뭐라고 말하면 좋을까요?

....

....

....

03 가끔 우리는 혼자 놀고 싶을 때가 있습니다. 여러분은 언제 혼자 놀고 싶나요? 그리고 친구와 같이 놀고 싶을 때는 언제인가요?

🌼 나는 _____ 할 때 혼자 놀고 싶어요.

🌼 나는 _____ 할 때 친구와 같이 놀고 싶어요.

04 아래 그림에서 밑줄 친 문장 대신 들어갈 수 있는 말로 적절한 것은 무엇인가요?

① 얼른 집에 가서 엄마한테 자랑해야겠어.
② 내 그림이 이렇게 근사해지다니, 놀랍다!
③ 악어가 살아 있는 것 같아서 너무 무서워!
④ 친구들아, 고마워! 이 그림 너무 마음에 든다.
⑤ 누가 내 그림을 함부로 고친 거야! 기분 나빠!

문제에 집중해요

01 노랑이는 혼자 놀기를 좋아합니다. 이런 노랑이와 비슷한 생각을 가진 친구는 누구인가요?

① 지수 : 나는 공부가 더 중요해. 친구는 필요 없어.
② 유민 : 네 편, 내 편이 어딨어. 우리 모두 친구인데.
③ 수호 : 나랑 생각이 다르다고 친구를 싫어해서는 안 돼요.
④ 진성 : 가난한 아이와 놀지 않아야 한다는 생각에 반대합니다.
⑤ 은결 : 네가 새로 전학 온 아이구나. 반가워. 친하게 지내자!

02 다음의 두 그림을 보고, 노랑이와 친구들에게 필요한 태도로 가장 적절한 것은?

나와 색깔이나 하는 짓이 다르다며 친구들을 마음에 들어 하지 않는 노랑이

노란색으로만 그린 노랑이의 그림을 "말도 안 돼."라고 말하는 친구들

① 친구 흉보기
② 친구 존중하기
③ 자기 자랑하기
④ 친구에게 무관심하기
⑤ 친구가 싫어하는 행동 계속하기

3~4 다음 글을 읽고 물음에 답하세요.

"노랑아, 빨리 와! 네가 꼭 필요해." / "유치원 차 칠해 줘."
"멋있게 칠해 줘." / "싫어, 싫어, 싫어. 싫어어어!"
㉠ "싫으면 하지 마. 내가 칠할 거야."
㉡ "안 돼!!"
"유치원 차는 노란 색이란 말야. 빨간색으로 칠하면 소방차가 되잖아."
내 키가 아주아주 작아졌어요.
같이 노는 것도 괜찮네요.

03 ㉠ "싫으면 하지 마. 내가 칠할 거야."라는 말을 한 친구는?

① 보라 ② 빨강이 ③ 파랑이
④ 노랑이 ⑤ 초록이

04 노랑이가 ㉡ "안 돼!!"라고 말한 까닭은?

① 멋있게 칠하면 안 되니까.
② 같이 노는 것도 괜찮아서.
③ 키가 아주아주 작아지니까.
④ 노랑이가 색칠을 가장 잘하니까.
⑤ 빨간색으로 칠하면 소방차가 되니까.

05 색깔도 다르고 하는 행동도 다르면서 친구들과 어울리지 않는다면, 노랑이는 앞으로 어떻게 될까요?

① 커서 훌륭한 사람이 될 것이다.
② 부모님과 사이가 더 좋아질 것이다.
③ 더 좋은 친구들을 만나게 될 것이다.
④ 친구들 사이에서 엄청난 인기를 얻을 것이다.
⑤ 외톨이가 되어 아무도 노랑이와 놀지 않을 것이다.

따라 써 볼게요

노랑아, 놀자아.

노랑아, 네가 꼭 필요해!

따라 써 볼게요

친구들과 함께 그리면 재미있어.

친구들과 함께 그리면 재미있어.
친구들과 함께 그리면 재미있어.

같이 노는 것도 괜찮네요.

같이 노는 것도 괜찮네요.
같이 노는 것도 괜찮네요.

함께 푸는 가로세로 퍼즐

가로 문제

① 고기를 잘게 으깬 다음에 양념하여 돼지 창자나 그와 비슷한 재료 속에 넣고 채워서 만든 가공식품(sausage). 소금에 절인 돼지고기로 만든 햄과 다르다. 불량 식품이 아니다.
② 물건을 파는 집인데 크기가 작다.
③ 빵을 말려서 빻아 만든 가루.
④ 물건이 공간에서 차지하는 크기. 몸이 큰 사람은 이것이 크다.
⑤ 설탕을 녹인 후에 소다를 넣어서 만든 즉석 과자. 이것에 별이나 우산 등의 모양을 넣어 그 모양만 남기면 이기는 게임도 있다.
⑥ 보통의 것들과는 다른 특색이 있다. 일반적인 것과는 다른 특색이 있다.

네로 문제

㉠ 소라 모양의 빵인데, 속에는 보통 초코 크림이나 생크림이 들어 있다.
㉡ 집안 살림을 할 때 들어온 돈과 나간 돈을 적는 장부. 보통 엄마가 매일 작성한다.
㉢ 물건의 분량이나 수가 일정한 범위나 한도에 꽉 찬 상태를 이르는 말이다.
㉣ 꽃이 피게 되다. 얼굴에 웃음이나 생기가 돌아 밝아지거나 좋아지다.
㉤ 꿀이나 설탕의 맛과 같다. 사탕을 먹을 때도 이 말을 한다.

무엇을 쓰든 **무엇**을 그리든 내가 **최고!**

무엇을 쓰든 **무엇**을 그리든 내가 **최고!**

무슨 소리지?

장준영 글·그림 | 책고래

영역 | 문학, 언어
주제 | 소리, 관찰과 표현

목표

1. 소리를 나타내는 말을 다양하게 알 수 있다.
2. 따뜻한 동심이 담겨 있는 아이의 마음을 이해할 수 있다.
3. 주위에서 들리는 소리를 듣고 글로 표현할 수 있다.

중요한 단어들

놀이터   소리   뚤뚤뚤 쑬쑬쑬
행복한 웃음   엄마   아빠

도서 선정 이유

주변에서 흔히 들을 수 있는 소리를 다양한 의성어로 따뜻하게 표현한 그림책이다. 아이의 시선을 따라 자연 속에서 들리는 다양한 소리들을 함께 듣다 보면 주변을 세심히 살피는 관찰력을 키울 수 있다. 또한 소리를 나타내는 말을 사용하여 자신의 마음을 글로 쓰는 방법도 자연스럽게 배울 수 있게 해 준다.

상상해 볼까요?

01 무슨 소리일까요? 소리를 상상하며 그림을 그려 보세요.

주르륵 주르륵	딩가딩 딩딩

휘릭 휘리릭	호로록 호로록

02 눈을 감고 귀에 들리는 소리에 집중해 보세요. 어떤 소리가 들리나요?

03 아래 그림의 아이는 어떤 생각을 하고 있을까요? 제목과 표지를 잘 보고 말풍선에 써 보세요.

책속에 답이 있어요

01 '와글와글' 아이가 자신을 부르는 소리를 듣습니다. 누가 부르는 소리일까요?
(5~6쪽)

02 그림의 장면을 보고 아이가 들었던 소리를 짝지어 보세요. (9~14쪽)

03 집을 나선 아이가 처음 들었던 소리는 무엇인가요? (7~8쪽)

04 아이는 공원을 가다가 '하하하 호호호' 웃음소리를 들었습니다. 누가 무엇을 하는 소리였나요? (15~16쪽)

05 <보기>에 나오는 소리를 읽어 보고 (   ) 안에 들어갈 알맞은 소리를 적어 보세요. (17~20쪽)

| 보기 | 와글와글 | 톡톡톡 톡톡톡 | 후우 후 후우 후 | 뚤뚤뚤 쑬쑬쑬 |

✿ (   ) 오리가 이끼 먹는 소리

✿ (   ) 부들 씨앗 날아가는 소리

책속에 답이 있어요

06 아이는 먹이를 가지고 지나가는 개미떼를 보며 '영차 영차'하는 소리를 들었어요. 개미가 무엇을 하는 소리라고 생각했나요? (21~22쪽)

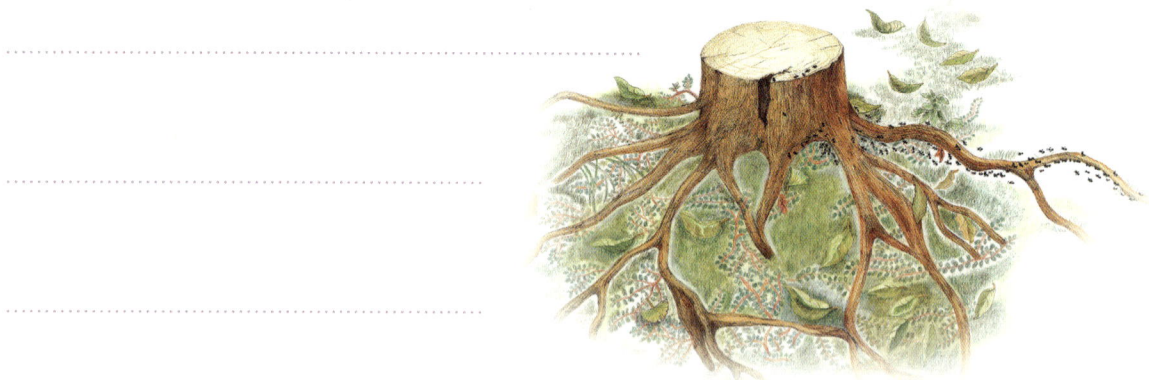

07 아이는 공원을 거닐며 여러 동물들을 만났어요. 아이가 만난 동물들을 순서대로 기호를 써 보세요. (9~22쪽)

㉠ 개미   ㉡ 까치   ㉢ 오리   ㉣ 다람쥐   ㉤ 고양이

(　　→　　→　　→　　→　　)

08 아이가 맨홀 구멍을 보고 있습니다. '뚤뚤뚤 쑬쑬쑬' 들려오던 소리는 누구의 소리였나요? (21쪽)

09 아이는 다양한 소리를 듣고 다음과 같이 생각했습니다. (　　) 안에 써 보세요. (24쪽)

(　　　　)는 아실까?

(　　　　)는 아실까?

이 소리가 어디서 오는지.

그렇게 깊은 뜻이!

01 집 안에서 아이가 장난감을 가지고 혼자 놀고 있습니다. '와글와글' 소리에 창밖을 보는 아이의 마음은 어땠을까요?

....

....

02 아이는 놀이터에 가는 길에 다양한 소리를 들었어요. 아이가 들을 수 있는 다른 소리에는 무엇이 있을지 두 가지만 쓰고 그림으로 표현해 보세요.

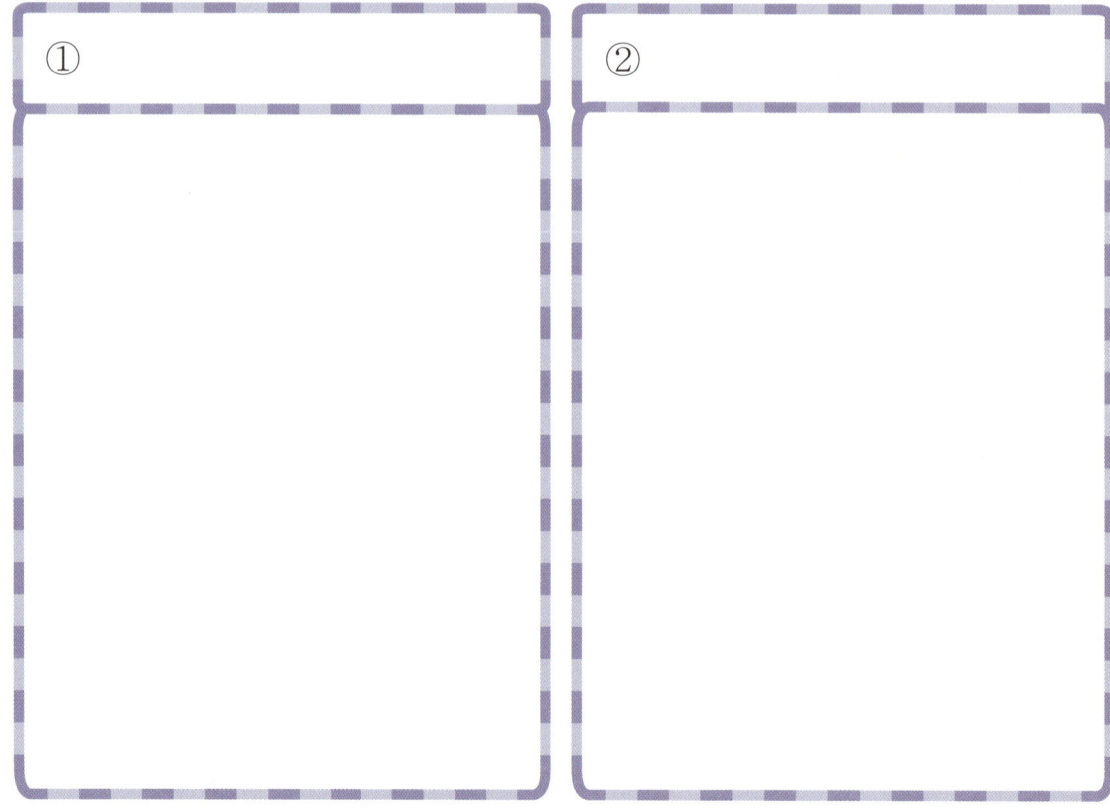

① ②

03 아이는 소리로 가득한 자연을 올려다보며 다음과 같이 생각합니다. 왜 이렇게 생각했을까요?

> 엄마는 아실까?
>
> 아빠는 아실까?
>
> 이 소리가 어디서 오는지

04 여러 소리를 듣고 나서 아이는 풀밭에 누워 환하게 웃습니다. 아이가 웃은 까닭은 무엇일까요?

내 생각이 중요해요

01 아이는 할머니들이 나들이 가는 소리를 듣고 미소를 짓습니다. 여러분을 미소 짓게 만드는 소리는 무엇인가요?

....

....

02 아이는 개미들이 먹이를 함께 옮기는 모습을 보고 있습니다. 만약 여러분이 이 개미들을 본다면 어떤 생각을 했을까요?

....

....

03 우리는 매일 많은 소리를 듣고 지내요. 다음 소리를 생각하며 만약 여러분이라면 어떻게 들렸을지 소리를 나타내는 말로 써 보세요.

비행기가 날아가는 소리	→	....
강아지가 산책하는 소리	→	....
바람이 불어오는 소리	→	....
우리 집 저녁 먹는 소리	→	....

04 집, 학교, 놀이터 등 한 곳을 선택해서 들을 수 있는 소리를 3가지 생각해 보세요. 소리를 적어 한 편의 글을 쓰고 그림으로 표현해 보세요.

무슨 소리지?

....

....

.... 소리.

....

....

.... 소리.

....

....

.... 소리.

문제에 집중해요

01 아파트 단지 놀이터에서 흔히 볼 수 있는 풍경은?

① 아이가 물 속으로 다이빙을 한다.
② 아이들이 뛰어다니며 술래잡기를 한다.
③ 가스레인지 위에 찌개가 보글보글 끓고 있다.
④ 가족들이 호랑이가 낮잠 자는 것을 구경한다.
⑤ 아이들이 칠판을 바라보며 선생님 말씀을 듣는다.

02 보기와 같은 소리를 사용하지 않을 때는?

보기	후우 후 후우 후

① 뜨거운 어묵탕을 먹을 때
② 생일 케이크의 촛불을 끌 때
③ 망치로 튀어 나온 못을 두드릴 때
④ 민들레 홀씨를 멀리멀리 날려 보낼 때
⑤ 추운 날씨에 시린 손을 따뜻하게 할 때

03 소리를 내는 말을 의성어, 모습을 나타내는 말을 의태어라고 합니다. 다음 중 다른 하나는?

① 와글 와글
② 영차 영차
③ 꼼지락 꼼지락
④ 후우 후 후우 후
⑤ 사륵 사르륵 사르륵

04 다음 문장을 읽고 알 수 있는 소리가 아닌 것은?

> 다람쥐가 나무 타는 소리
> 까치가 집 짓는 소리
> 고양이 등 부비는 소리
> 할머니가 나들이 가는 소리
> 오리가 이끼 먹는 소리

① 우르르 쾅쾅
② 쪼르르 쪼르르
③ 깍깍깍 깍깍깍
④ 사르륵 사르륵
⑤ 하하하 호호호

따라 써 볼게요

부들 씨앗 날아가는 소리

부	들		씨	앗		날	아	가	는		소	리			

부	들		씨	앗		날	아	가	는		소	리			

개미가 소풍 가는 소리

개	미	가		소	풍		가	는		소	리				

개	미	가		소	풍		가	는		소	리				

따라 써 볼게요

이름 모를 벌레 소리

| 이름 | 모를 | 벌레 | 소리 | | |
| 이름 | 모를 | 벌레 | 소리 | | |

엄마는 아실까? 아빠는 아실까?

| 엄마는 | 아실까? | 아빠는 | 아실까? |
| 엄마는 | 아실까? | 아빠는 | 아실까? |

어리석은 개

개 한 마리가 고기를 입에 물고 외나무다리를 건너가다 다리 아래를 보았어요. 물속에 있는 개가 고기를 입에 물고 있는 것이 아니겠어요.
다리 위의 개는 물속에 있는 개가 물고 있는 고기가 탐이 났어요.
다리 위의 개는 그 고기를 내놓으라는 듯이 큰소리로 '멍멍' 하고 짖었어요. 소리를 내자마자 자신이 물고 있던 고기가 물속으로 떨어졌어요.
물결이 치자 물속의 개도 없어졌어요. 그 개는 자신의 모습을 비춘 그림자였던 것입니다.
자신이 물고 있던 고기는 개울물을 따라 흘러갔어요.

1) 다리 위의 개가 '멍멍' 하고 짖은 까닭은 무엇인가요?

2) 개울물을 따라 흘러가는 고기를 보고 개는 무슨 생각했을까요?

무엇을 쓰든 무엇을 그리든 내가 최고!

무엇을 쓰든 무엇을 그리든 내가 최고!

무엇을 쓰든 무엇을 그리든 내가 최고!

무엇을 쓰든 무엇을 그리든 내가 최고!

나는 빵점

한라경 글 | 정인하 그림 | 토끼섬

영역 | 문학, 언어
주제 | 나다움, 상대방에 대한 존중

목표

1. 나만의 특별함을 찾을 수 있다.
2. 강점과 약점을 있는 그대로 바라볼 수 있다.
3. 각자의 다름과 특별함을 인정하고 서로를 존중할 수 있다.

중요한 단어들

빵집	빵	식빵	진열장
빨점 친구들		특별함	매력

도서 선정 이유

우리는 자신을 있는 그대로 받아들이는 마음이 필요하다는 것을 알고 있다. 하지만 때때로 우리는 더 멋진 다른 사람들을 보며 부러워하고, 자신만 부족한 것 같은 마음이 들기도 한다. 이 책은 빵 이야기를 통해 자신이 가진 장점과 매력을 생각해 보기를 권하고 있다. 자신을 있는 그대로 받아들이고 소중히 여긴다면 언제 어디서든 행복할 수 있다.

상상해 볼까요?

01 빵점은 어떤 상황에서 쓰는 말일까요? 그림으로 표현하고 간단하게 설명해 주세요.

02 식빵은 '나는 빵점'이라고 말했습니다. 다른 빵들은 어떤 말을 하고 싶을까요? 말풍선에 써 보세요.

📖 (3~4) 보기에서 알맞은 낱말을 찾아 쓰세요. (괄호 안의 단어는 기본형)

보기 | 분주하게(분주하다) 당당해(당당하다) 밋밋하게(밋밋하다) 씩씩거리며(씩씩거리다)

03 단어의 뜻을 보고 기본형(기본이 되는 단어)을 찾아 쓰세요.

1. (   ) : 몹시 바쁘게 뛰어다니다.

2. (   ) : 남 앞에 내세울 만큼 모습이나 태도가 떳떳하다.

3. (   ) : 생긴 모양 따위가 두드러진 특징이 없이 평범하다.

4. (   ) : 숨을 매우 가쁘고 거칠게 쉬는 소리가 잇따라 나다.

04 문장 안에 들어갈 낱말을 위의 보기에서 찾아 쓰세요.

1. 나는 특별함이 없고 너무 (   ).

2. 식빵이 화가 나서 (   ) 소리쳤어.

3. 생크림 케익은 나보다 훨씬 크고 (   ) 보입니다.

4. 빵집 아저씨가 아침부터 빵을 굽기 위해 (   ) 움직입니다.

책속에 답이 있어요

01 빵들은 어디에서 태어났나요? (3쪽)

02 빵집의 하루는 누구의 인사로 시작되나요? (4쪽)

....

....

03 빵집의 냄새와 겉모습은 어떤가요? (5쪽)

냄새는 모두 (   ).

겉모습은 모두 (   ).

04 다음 질문에 답을 하세요. (6쪽)

1. 빵집 아저씨는 아침부터 분주하게 움직이고 있습니다. 무엇을 만들고 있나요?

2. 케이크를 만드는 과정을 보기에서 찾아 쓰세요.

<보기>　카스텔라　딸기　크림　생크림　초콜릿

커다란 ◯ 굽기 → 카스텔라 사이에 설탕에 조린 ◯ 넣기
→ 새하얀 ◯ 바르기 → 위에는 딸기 가득 올리기
→ ◯ 으로 예쁜 모양 내기 → ◯ 으로 글씨 쓰기

05 식빵은 완성된 케이크가 진열장으로 들어가는 것을 부러운 눈으로 쳐다보았어요. 식빵은 케이크를 보며 어떤 생각을 했나요? (10, 11쪽)

06 케이크를 보고 난 후 자신의 모습에 실망한 식빵은 자신을 몇 점이라고 생각했나요? (13쪽)

책속에 답이 있어요

07 식빵의 이야기를 들은 소라빵은 자신이 왜 빵점이라고 생각했나요? (14쪽)

_____

_____

08 식빵이 다른 빵들에게 한 말입니다. 누구에게 한 말인가요?

1
> "아저씨는 속상하지 않아요?
> 케이크는 저렇게 반들반들한데, 아저씨 얼굴은 울퉁불퉁하잖아요.
> 　　　　　　　　　　　　📄 본문 16쪽에서

2
> "케이크를 좀 보세요. 속이 꽉 차서 얼마나 탄탄한지!
> 아주머니들처럼 쉽게 부서지지도 않는다고요!"
> 　　　　　　　　　　　　📄 본문 20쪽에서

09 소보로빵이 건넨 빵 부스러기와 친구들이 흘린 빵가루를 먹어 본 식빵은 뭐라고 이야기했나요? (30쪽)

_____

_____

10 식빵이 다른 빵들에게 한 말입니다. 누구에게 한 말인가요? (26~29쪽)

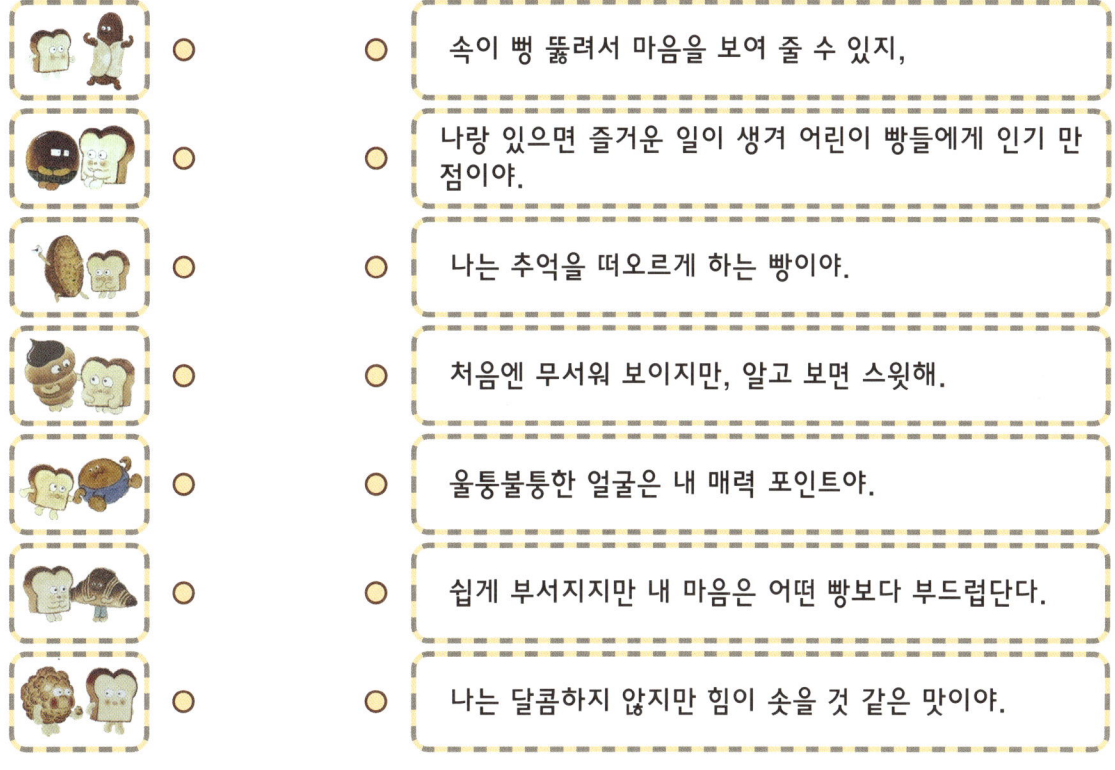

11 빵집 아저씨는 다양한 재료를 넣어 만들어 먹을 수 있는 식빵을 뭐라고 하면서 추천했나요? (35쪽)

12 "그래, 맞아. 우린 모두 빵점이야. 모두 다른 매력이 있는 빵점!"이라고 빵들은 이야기합니다. 빵들은 빵점을 뭐라고 말했나요? (36쪽)

그렇게 깊은 뜻이!

01 모닝빵 형제의 아침 인사로 빵집의 하루가 시작됩니다. 여러분이 모닝빵이라면 어떤 말로 아침 인사를 할까요?

....

....

02 아래의 두 장면을 보고 식빵의 마음이 어떻게 바뀌었는지 써 보세요.

....

....

03 빵 친구들의 각각의 매력을 나타낼 수 있도록 꾸며 주는 말을 써 보세요.

04 "우린 케이크가 될 수 없어. 하지만 빵이라서 더 좋아."라고 말하며 신나하는 빵 친구들에게 식빵은 어떤 이야기를 해 주었을지 상상하여 써 보세요.

내 생각이 중요해요

01 책 속에서는 친구들이 식빵을 응원해 주었어요. 여러분에게도 힘이 되어 주는 친구들이 있나요? 그 친구를 소개해 주세요.

....

....

....

02 친구를 위해 힘이 되는 말, 해 주고 싶은 마법의 말들을 말풍선 속에 써 보세요.

03 식빵은 밋밋하고 평범하다고 생각했지만 다양한 모습으로 모두와 잘 어울렸습니다. 이렇듯 약점도 다르게 보면 강점이 될 수 있습니다. 아래의 문장을 식빵의 사례처럼 바꿔 표현해 보세요.

🌼 진석이는 산만해. → 진석이는 _____

🌼 지우는 걱정이 많아. → 지우는 _____

🌼 다연이는 고집이 세. → 다연이는 _____

04 처음 보는 빵과 예전에 맛있게 먹은 빵이 있는데 여러분은 처음 보는 빵을 먹나요? 예전에 맛있게 먹은 빵을 먹나요? 그 까닭은 무엇인가요?

....

....

....

문제에 집중해요

01 다음 그림을 보고 알 수 있는 사실은?

① 식빵은 아무런 관심이 없다.
② 식빵은 생크림 케이크가 아름답다고 생각했다.
③ 식빵은 자신의 특별한 매력이 무엇인지 생각했다.
④ 식빵은 '생크림 케이크는 왜 이렇게 작을까?' 하고 생각했다.
⑤ 식빵은 생크림 케이크보다 식빵이 생일 파티에서 더 인기가 많다고 생각했다.

02 '빵점'이라는 의미가 다르게 사용된 문장은?

① 받아쓰기 점수가 빵점이야.
② 운동회에서 우리 청팀은 빵점이야.
③ 나는 수학 시험에서 빵점을 받았어.
④ 우리는 모두 다른 매력이 있는 빵점이야.
⑤ 백점을 맞는 것만큼 빵점을 받는 것도 힘들지.

03 다음 장면을 설명하는 것으로 가장 적절한 것은?

① 식빵은 지금 행복하다.
② 소라빵은 눈물을 흘리고 있다.
③ 공갈빵은 백점이라 기분이 좋다.
④ 빵점이라는 말을 모두가 싫어한다.
⑤ 소시지 빵은 폭죽을 터트리고 있다.

04 〈보기〉와 같은 '비교 문장'이 아닌 것은?

보기	나는 처음에는 무서워 보이지만, 알고 보면 스윗해. 개미는 작지만, 알고 보면 천하장사야.

① 영희는 키가 크지만, 알고 보면 발도 커
② 지혜는 무서워 보이지만, 알고 보면 친절해.
③ 경아는 무뚝뚝해 보이지만, 알고 보면 다정해.
④ 은주는 대충 하는 것 같지만, 알고 보면 꼼꼼해.
⑤ 채연이는 겁이 많아 보이지만, 알고 보면 용감해.

따라 써 볼게요

모두 다른 매력이 있는 빵점!

| 모 | 두 | | 다 | 른 | | 매 | 력 | 이 | | 있 | 는 | | 빵 | 점 | ! |

| 모 | 두 | | 다 | 른 | | 매 | 력 | 이 | | 있 | 는 | | 빵 | 점 | ! |

모두 다른 맛인데 다 맛있어.

| 모 | 두 | | 다 | 른 | | 맛 | 인 | 데 | | 다 | | 맛 | 있 | 어 | . |

| 모 | 두 | | 다 | 른 | | 맛 | 인 | 데 | | 다 | | 맛 | 있 | 어 | . |

따라 써 볼게요

빵이라서 더 좋아!

빵	이	라	서		더		좋	아	!					

빵	이	라	서		더		좋	아	!					

우리는 모두 다르게 생겼어.

우	리	는		모	두		다	르	게		생	겼	어	.

우	리	는		모	두		다	르	게		생	겼	어	.

 이솝 우화와 함께

개미와 베짱이

개미들은 여름에 열심히 일했어요.
베짱이는 한쪽에서 매일같이 노래를 부르며 놀았어요.
개미가 베짱이에게 물었어요.
"베짱아, 여름에 그렇게 놀기만 하면 겨울은 어떻게 보낼 거니?"
베짱이가 대답했어요.
"그것은 그때 가서 생각할 거야. 지금은 노래 부르는 것이 좋아."
어느 겨울날 개미들이 여름에 모은 벼이삭을 말리고 있었어요.
그때 굶어서 죽을 것 같은 베짱이가 지나가다 물었어요.
"먹을 걸 조금만 나누어 주겠니?"
그러자 개미들이 말했어요.
"그럴 마음이 없어. 너는 여름철 내내 노래 부르면서 놀았잖아."
결국, 베짱이는 굶어죽었어요.

① 베짱이는 매일 무엇을 하며 놀았나요?

② 베짱이는 죽기 직전에 뭐라고 생각했을까요?

무엇을 쓰든 **무엇**을 그리든 내가 **최고!**

한국인의 독서지도 교재 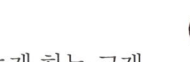 로직아이 샘

 교재의 특징

박우현 교수와 현장의 교사들이 함께 만든 22권의 독서지도 교재

- 6권의 필독서를 읽고 수업하는 독서지도 교재. 자연스럽게 글쓰기 논술 실력도 늘게 하는 교재
- 5급 공무원 시험인 공직 적성 평가와 법학 전문 대학원 입학시험 형식의 문제 수록

| 파랑 (서울시 교육감 인정 도서) (총 1~6단계) | 노랑 (교과서 수록 작품) (총 1~6단계) | 초록 (신간 교과서 수록 작품 중심) (총 1~6단계) | 빨강 (스테디 셀러 중심) (총 1~4단계) |

각 단계는 학년을 기준으로 함. (1학년은 1단계, 6학년은 6단계)
빨강 교재만 학년 중첩. (1단계는 1-2학년, 2단계는 2-3학년, 3단계는 4-5학년, 4단계는 5-6학년)

중학생을 위한 독서 논술
로직아이 수 秀 민트&퍼플

교재의 특징

① 엄선한 필독서 2·3권과 한국 근현대 문학 수록
② 다양한 토론, 요약과 정리 문제 수록
③ PSAT와 LEET형식의 문제 수록

글쓰기 논술 쓰마 & 박우현의 요약과 논술   입문 & 기초

1단계 - 1, 2권
글쓰기 논술 기초 교재

2단계 - 1, 2, 3권
글쓰기 논술 발전 교재

3단계 - 1, 2권
글쓰기 논술 심화 교재

I. 입문편
II. 기초편

교재의 특징

① 쓰마는 과정 중심 글쓰기 논술 교재
② 쓰마는 초등 1학년 부터 6학년 까지
③ 박우현의 요약과 논술은 중등 1학년 부터

---

* (주) 로직아이는 독서 지도나 글쓰기 지도를 하고자 하는 학부모와 선생님들을 위한 교육사업 법인입니다.

책 속에는 꿈이 있습니다.
배우겠다는 의지만 있으면 실력은 늘기 마련입니다.

서울특별시 영등포구 대방천로 175 문헌빌딩 203호   전화 (02)747-1577 팩스 (02)747-1599

리더를 위한 한국사 만화

- 고증에 근거한 디테일
  – 고성훈(국사 편찬 위원회 편사 연구관)
- 수험용 역사 교재이다.
  – 김경현(고려대학교 사학과 교수)
- 내가 배운 것도 많았다.
  – 장희흥(대구대학교 역사교육과 교수)
- 만화의 특성을 살린 흥미와 관심
  – 전영준 교수(제주대학교 사학과)
- 무척 흥미롭다.
  – 차인배(인하대학교 연구 교수)
- 재미있고 쉽게 그렸다.
  – 최태선 (현대고등학교 교사)

- **1권 한국 고대사** : 삼국 시대와 통일 신라를 중심으로
- **2권 고려 시대사** : 고려 시대 전부
- **3권 조선 시대사1** : 조선의 건국부터 효종의 북벌 정책까지
- **4권 조선 시대사2** : 임진왜란 이후부터 개항 전까지
- **5권 한국 근대사** : 개항부터 해방 전까지 – 일제 강점기
- **6권 한국 최신 현대사** : 해방부터 현대(이재명 정부 초반)까지

I. 입문편

II. 기초편

박우현의 요약과 논술

① <u>중학생 대상</u>의 교재. 그러나 간혹 고등학생도 사용하는 요약과 논술 교재
② <u>대입 논술 문제</u>의 제시문이 수록된 교재
③ 재미있고 유익한 <u>읽기 자료가 내재</u>된 교재

로직아이 샘 보라 1단계의 길라잡이를 다운받는 방법

① 로직아이 샘 보라 1단계의 길라잡이를 보고 싶으시면 아래쪽에 있는 큐알(QR) 코드를 스캔해서 로직아이 샘 보라 1단계 길라잡이를 눌러서 PDF를 다운받을 수 있습니다.

② 또는 로직아이 홈페이지 (logici.co.kr)에 있는 정보마당의 자료실에 들어와서 다운받을 수 있습니다. 인터넷 검색창에 '로직아이'라고 입력해도 로직아이 홈페이지에 들어갈 수 있습니다.